AF363838

ÉTATS DE SERVICES

ET

OEUVRES DIVERSES

DE

M. Louis-Victor GUIGNARD

PROPRIÉTAIRE

Né à Clermont (Oise), le 14 Février 1816

CLERMONT (OISE)

IMPRIMERIE DAIX FRÈRES

PLACE SAINT-ANDRÉ

—

1887

ÉTATS DE SERVICES

ŒUVRES DIVERSES

DE

M. Louis-Victor GUIGNARD

PROPRIÉTAIRE

Né à Clermont (Oise), le 14 Février 1816

———

CLERMONT (OISE)

IMPRIMERIE DAIX FRÈRES

PLACE SAINT-ANDRÉ, 3

—

1887

ÉTATS DE SERVICES

ET

OEUVRES DIVERSES

DE

M. Louis-Victor GUIGNARD

PROPRIÉTAIRE

né à Clermont (Oise), le 14 Février 1816

Entré comme engagé volontaire au 43e de ligne, le 5 novembre 1835 : a quitté le 10 janvier 1838 ayant quatorze mois de grade de sous-officier... 2 ans 2 mois

Entré dans la garde nationale de Clermont aussitôt son retour du régiment.............

Nommé en 1839, à l'élection, sous-lieutenant de sa compagnie, grade qu'il a conservé jusques et y compris 1843, date de son départ de Clermont.. 6 ans

Nommé délégué cantonal pour la surveillance des écoles des communes de Le Touvet, Montalien, Saint-Vincent-de-Merruze, Sainte-Marie-d'Allois, Sainte-Marie-du-Mont et la Flachère (Isère) : il en a rempli les fonctions jusqu'au 1er décembre 1853................ 2 ans 8 mois.

Rentré dans la garde nationale de Clermont en décembre 1853 en qualité de sergent-fourrier. Il a aussitôt reformé la Compagnie de Sapeurs-Pompiers de la ville et rempli les fonctions de sous-lieutenant, grade qui lui a été confirmé le 3 août 1856 par décret de l'Empereur.

A réorganisé entièrement la Compagnie de Pompiers en 1866 et porté l'effectif de 21 à 70 hommes. En a été nommé capitaine d'abord à l'élection, puis par décret de l'Empereur des 18 juillet 1866 et 18 juin 1870, enfin par décret du Président de la République du 28 mars 1877.. 27 ans.

A été secrétaire en chef de la Mairie de Clermont du 1er novembre 1854 au 20 juin 1879.............................. 25 ans.

Il a fondé en 1870 une société de secours mutuels pour la Compagnie de Sapeurs-Pompiers dont il était le capitaine. Il en a été nommé Président par décret de l'Empereur du 18 juin 1870, et ensuite par la société entière en assemblée générale le 25 février 1877. A donné sa démission en 1883 (13 ans de présidence dont 11 pendant qu'il était capitaine)...................................... 13 ans.   2 ans.

Temps de services...... 39 ans 10 mois.

Du 3 août 1854 à novembre 1880, il a conduit la Compagnie et dirigé les travaux dans les incendies qui ont éclaté dans les communes ci-après désignées :

AGNETZ

1° Usine Foncier, travail très sérieux.

2° Usine à huile de M. Leclercq. Atelier de l'usine brûlé ; habitation et autres bâtiments sauvés.

3° Ferme de l'Abbaye de Saint-Remy un seul bâtiment détruit : habitation, les autres bâtiments et les récoltes préservés.

4° Auberge Coppin, près l'Eglise. Une partie de l'un des bâtiments brûlée, le surplus sauvé.

BAILLEVAL

Chez le sieur Salot, habitation et partie des bâtiments peu endommagées.

BREUIL-LE-VERT

1° Incendie des deux côtés de la rue à Giencourt. Bâtiments voisins préservés. Le capitaine a retiré du feu le caporal Merlier, blessé. Ce caporal. à la demande de son chef. a reçu une médaille d'argent en 1867 pour son zèle dans cette occasion.

2° Autre incendie à Giencourt. Le feu avait éclaté en trois endroits différents. Deux foyers ont été éteints sans dommage. Seule la propriété Francru a perdu une grange.

3° Chez M. Crépin, fermier. Bâtiments de ferme et habitation préservés. Une grange et les récoltes qu'elle renfermait ont été détruits.

4° Feu de meule Crépin. Rien à faire. Tout a été consumé, sauf quelques gerbes.

CAUFFRY

Usine de M. Queste. L'usine principale et l'habitation sauvées.

CLERMONT

1° Chez M. Pillon. maître de poste. une grange brûlée : les autres bâtiments et l'habitation préservés. Cinq jours de travail.

2° Incendie d'un train de marchandises à la gare. Trois wagons brûlés : les autres séparés sans avarie.

3° Meules de M. Gavrel. une seule perdue. la seconde. à 4 mètres, sauvée. L'incendiaire poursuivi et arrêté par les Pompiers.

4° Chez M. Lesueur. marchand de bois et usinier. l'usine. les habitations et une grande partie des chantiers de bois sauvés : la scierie brûlée. Quatre jours de travail.

5° Chez M. Tellier, filateur. Partie de l'usine sauvée, deux jours de travail.

6° Chez M. Queste, farinier et marchand de grains. Cette usine, près le chemin de fer, était occupée par les Prussiens. Les magasins ont été préservés. Deux jours de travail.

7° Maison Gervaise. Elle servait de corps de garde aux Prussiens. La plus grande partie des bâtiments a été sauvée.

8° A la gare. Petit bâtiment incendié. Matériel de l'atelier sorti intact.

9° Chez M. Huvey, propriétaire. Tout a été garanti. Il y a eu fort peu de dégâts.

10° Chez M. Plivart, notaire. Feu pris dans le grenier au-dessus de l'étude. Minutes, cartons et mobilier sauvés. Feu coupé à temps, pouvait gagner la Sous-Préfecture.

11° Feux de cheminées éteints sans dommages.

12° Maison Brunel, ébéniste, magasin et ateliers consumés, habitation préservée.

FITZ-JAMES

Incendies nombreux non comptés. Partout la part du feu a été faite et le surplus préservé.

LAMÉCOURT

Les maisons et bâtiments voisins du foyer de l'incendie ont été sauvés.

LIERVAL

Grange brûlée, habitation et bâtiments préservés.

RANTIGNY

Chez M. Morenvillé, chaufournier, un hangar brûlé ; meule de fagots et bâtiments sauvés.

FAITS DIVERS

1° En 1870: Aussitôt le départ de la gendarmerie pour Paris. le Capitaine des Pompiers a organisé sa Compagnie pour le service d'ordre dans la ville. Un poste était établi au corps de garde. Des patrouilles nombreuses ont était faites de nuit et de jour et ce jusqu'à l'arrivée des Prussiens dans la ville.

La ville n'ayant fait aucun sacrifice en faveur des hommes. ce service a été onéreux pour le capitaine et ses officiers.

2° Le 27 mai 1871: A l'appel du gouvernement. M. Guignard. accompagné de MM. Patte. lieutenant. et Boitel. sous-lieutenant. s'est rendu à Paris pour coopérer à l'extinction des incendies. Il y avait avec ces officiers 24 hommes et deux pompes armées.

Les Compagnies de :

Saint-Just-en-Chaussée. conduite par M. Mercier, maire : Catillon. conduite par M. de Goussencourt. maire : Sainte-Geneviève. conduite par son sous-lieutenant. se sont placées sous les ordres de M. Guignard et ont marché avec lui.

Ces compagnies ne sont rentrées dans leurs communes que sur l'avis de M. le Colonel commandant le Régiment de Pompiers de Paris.

ŒUVRES DIVERSES

1° En 1867 : Il a été décerné à M. Guignard, par le jury du concours de pompes de Clermont, une médaille d'or pour la bonne organisation de ce concours, etc.

2° Le 18 octobre 1868 : Il lui a été accordé une médaille de sauvetage par la Société des Sauveteurs de l'Oise. Il est membre honoraire de cette Société et fait partie du Conseil d'administration.

3° En 1872 : Il a reçu une médaille d'honneur du gouvernement.

4° Le 15 mai 1877 : La compagnie de Pompiers lui a offert un sifflet d'honneur, à l'occasion de sa réélection comme capitaine et comme Président de la Société de Secours Mutuels, pour lui témoigner sa reconnaissance des services rendus.

5° Le 2 juillet 1877 : La Société des Sauveteurs de l'Oise lui a décerné une médaille d'or pour ses bons services (Prix d'Aumale) *diplôme.*

6° Le 8 juin 1883 : Il a été nommé membre titulaire de la Société des sauveteurs de la Seine. *Diplôme.*

7° Le 30 décembre 1884 : Il a été reçu membre perpétuel de la Société des sauveteurs de la Seine. *Diplôme.*

8° Le 8 janvier 1885 : Il a été nommé membre fondateur de la Société centrale de sauvetage des naufragés. *Diplôme.*

9° Le 27 décembre 1885 : Il a été nommé membre d'honneur perpétuel de la Société de sauvetage de la Corrèze, avec médaille de sauvetage or et argent.

10° Le 20 avril 1886 : Il a été nommé membre fondateur de la Société de gymnastique « la Clermontoise ».

Clermont (Oise). — Imprimerie Daix frères.